APÉRO ROLL

APÉRO ROLL

TOUT LE MONDE EN PARLE • MOI JE LE CUISINE •

RECETTES ET PHOTOGRAPHIES CAROLINE BOURGEOIS
ILLUSTRATIONS VALENTINE FERRANDI

COOK & EAT
BY MARABOUT

SOMMAIRE

LE TUTO DU **roll up** EN 4 ÉTAPES

Roulé froid dont la base est une tortilla de maïs.

1 Je prépare ma garniture

2 Je garnis ma tortilla

3 Je roule mes roll up

4 Je coupe mes roll up

LE TUTO DU **pizza roll** EN 4 ÉTAPES

Roulé chaud dont la base est une pâte à pizza garnie, roulée et cuite.

1 Je déroule ma pâte à pizza

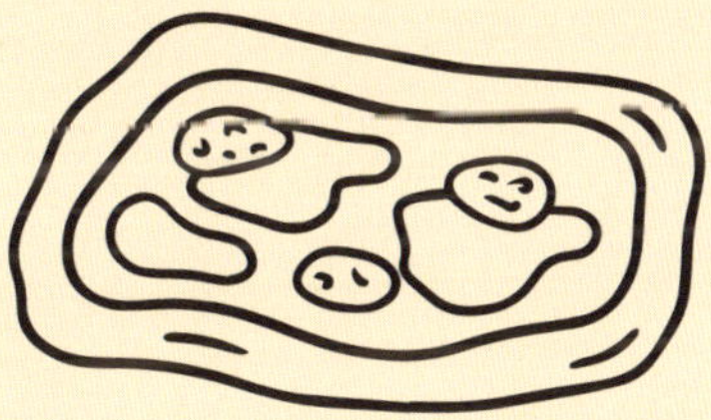

2 Je prépare ma garniture et la dépose sur ma pâte à pizza

3 Je roule et coupe mes pizza rolls

4 Je cuis mes pizza rolls avant de les servir

LE TUTO DU egg roll EN 4 ÉTAPES

Roulé chaud dont la base est une feuille de brick garnie que l'on fait frire.

1 Je prépare ma garniture

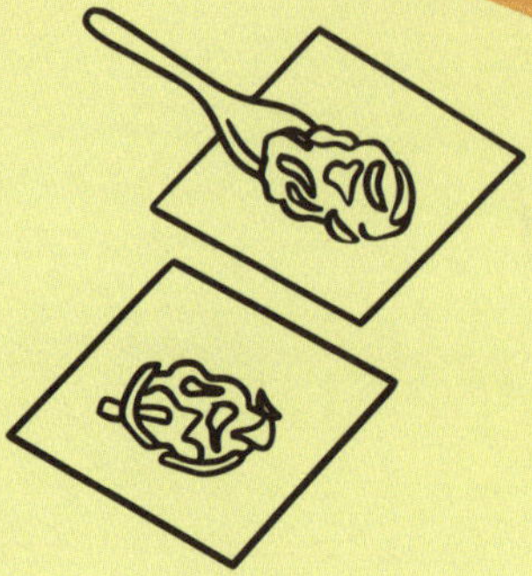

2 Je garnis mes feuilles de brick

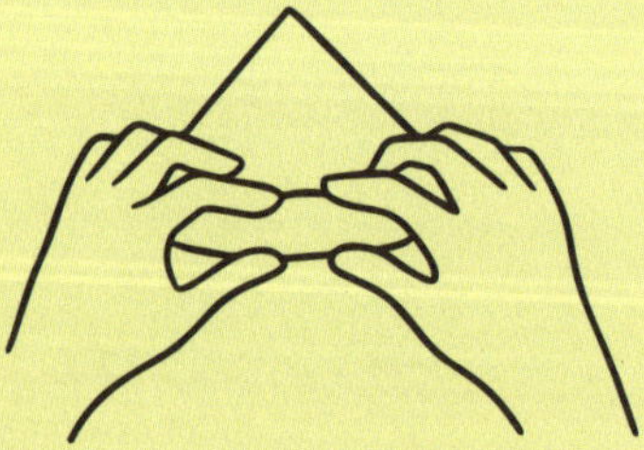

3 Je roule mes egg rolls

4 Je cuis mes egg rolls avant de les servir

LE TUTO DU **roll de légume** EN 4 ÉTAPES

Roulé froid dont la base est une tranche de légume.

1 Je prépare mon enveloppe de légume

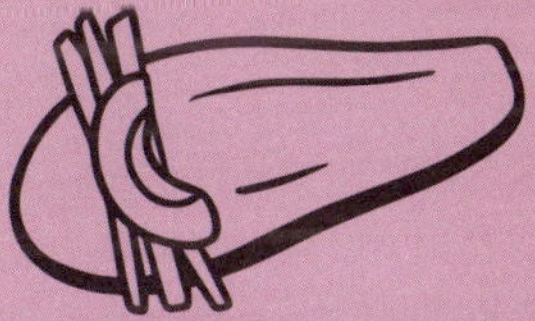

2 Je garnis mes rolls

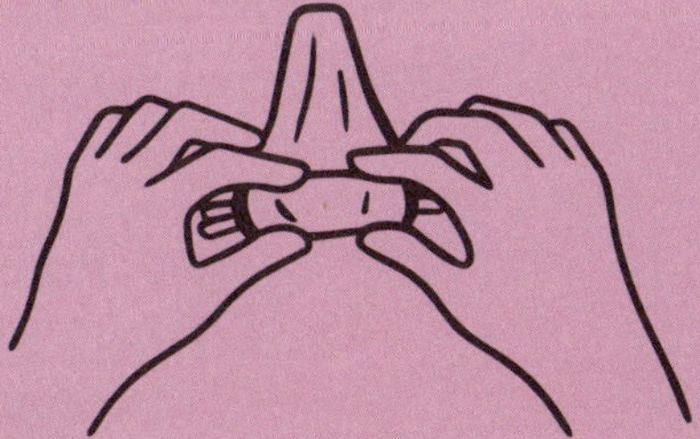

3 Je roule mes rolls de légume

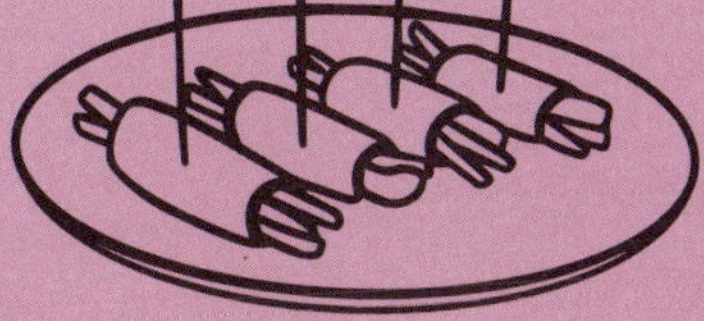

4 Je les pique pour les servir

Roll up saumon fumé

POUR 12 ROLLS

PRÉPARATION 5 MIN

2 tortillas de blé complet
4 tranches de saumon fumé
250 g de fromage frais
1 citron jaune
4 brins d'aneth
4 feuilles de salade verte

1 JE PRÉPARE MA GARNITURE

Zestez le citron. Ciselez les brins d'aneth. Mélangez les zestes et l'aneth avec le fromage frais.

2 JE GARNIS MA TORTILLA

Tartinez les tortillas de crème citron-aneth. Disposez les tranches de saumon dessus, puis les feuilles de salade en laissant une bande vide sur le haut pour enrouler plus facilement.

3 JE ROULE MES ROLL UP

Enroulez les tortillas sur elles-mêmes.

4 JE COUPE MES ROLL UP

Coupez les rouleaux en tranches d'environ 3 cm d'épaisseur. Servez sur une assiette.

Roll up chorizo ricotta

POUR 12 ROLLS	
PRÉPARATION 5 MIN	

2 tortillas de blé complet
8 fines tranches de chorizo
125 g de ricotta
20 feuilles de basilic
80 g de roquette
Sel et poivre

1 JE PRÉPARE MA GARNITURE

Ciselez les feuilles de basilic et mélangez-les à la ricotta, assaisonnez avec du sel et du poivre.

2 JE GARNIS MA TORTILLA

Tartinez les tortillas du mélange ricotta-basilic. Disposez les tranches de chorizo dessus, puis les feuilles de roquette en laissant une bande vide sur le haut pour enrouler plus facilement.

3 JE ROULE MES ROLL UP

Enroulez les tortillas sur elles-mêmes.

4 JE COUPE MES ROLL UP

Coupez les rouleaux en tranches d'environ 3 cm d'épaisseur. Servez sur une assiette.

Roll up jambon cheddar

POUR 12 ROLLS

PRÉPARATION 5 MIN

2 tortillas de blé
4 tranches de jambon
1 pot de faisselle
1 gousse d'ail
6 brins de persil
5 tranches de cheddar
4 feuilles de salade

1 JE PRÉPARE MA GARNITURE

Ciselez l'ail et le persil, et mélangez-les à la faisselle bien égouttée. Voici votre sauce ranch.

2 JE GARNIS MA TORTILLA

Tartinez les tortillas de sauce ranch. Disposez les tranches de jambon dessus, les tranches de cheddar ainsi que la salade en laissant une bande vide sur le haut pour enrouler plus facilement.

3 JE ROULE MES ROLL UP

Enroulez les tortillas sur elles-mêmes.

4 JE COUPE MES ROLL UP

Coupez les rouleaux en tranches d'environ 3 cm d'épaisseur. Servez sur une assiette.

Roll up poulet pesto

POUR 12 ROLLS	
PRÉPARATION 5 MIN	

2 tortillas de blé

2 tranches de blanc de poulet cuit

Quelques radis

100 g de fromage frais

4 c. à soupe de parmesan râpé

2 c. à soupe de pesto

1 citron jaune

4 feuilles de salade

Sel et poivre

1 **JE PRÉPARE MA GARNITURE**

Coupez les radis en fines lamelles. Zestez le citron et mélangez les zestes avec le fromage frais, ajoutez le parmesan râpé. Assaisonnez avec du sel et du poivre.

2 **JE GARNIS MA TORTILLA**

Tartinez la tortilla avec le mélange fromage et parmesan. Étalez ensuite une couche de pesto. Disposez les tranches de poulet, les feuilles de salade, puis les lamelles de radis en laissant une bande vide sur le haut pour enrouler plus facilement.

3 **JE ROULE MES ROLL UP**

Enroulez les tortillas sur elles-mêmes.

4 **JE COUPE MES ROLL UP**

Coupez les rouleaux en tranches d'environ 3 cm d'épaisseur. Servez sur une assiette.

Roll up patate douce

POUR 12 ROLLS	
PRÉPARATION 15 MIN	
CUISSON 30 MIN	

2 tortillas de maïs
1 patate douce
¼ de chou rouge râpé
4 feuilles de salade
150 g de houmous
4 brins de persil ciselés
6 brins de ciboulette ciselés
40 g de cacahuètes concassées

1 JE PRÉPARE MA GARNITURE

Préchauffez le four à 180 °C. Enfournez la patate douce entière avec la peau pendant 30 minutes. Épluchez-la.

2 JE GARNIS MA TORTILLA

Tartinez la tortilla avec du houmous, saupoudrez de persil et de ciboulette. Disposez dessus les feuilles de salade. Ajoutez ensuite le chou rouge râpé et étalez la patate douce en laissant une bande vide sur le haut pour enrouler plus facilement.

3 JE ROULE MES ROLL UP

Enroulez les tortillas sur elles-mêmes.

4 JE COUPE MES ROLL UP

Coupez les rouleaux en tranches d'environ 3 cm d'épaisseur. Parsemez de cacahuètes concassées. Servez sur une assiette.

Roll up épinard fraise

POUR 12 ROLLS	
PRÉPARATION 5 MIN	

2 tortillas de maïs

80 g de jeunes pousses d'épinard

4 fraises

100 g de chèvre frais

100 g de feta émiettée

10 feuilles de basilic

1 c. à soupe d'huile d'olive

Sel et poivre

1 JE PRÉPARE MA GARNITURE

Mixez le chèvre frais, le basilic et l'huile d'olive. Assaisonnez avec du sel et du poivre.

2 JE GARNIS MA TORTILLA

Tartinez les tortillas avec le fromage de chèvre, saupoudrez de feta. Disposez les feuilles d'épinard. Coupez les fraises en lamelles. Disposez-les sur les feuilles d'épinard en laissant une bande vide sur le haut pour enrouler plus facilement.

3 JE ROULE MES ROLL UP

Enroulez les tortillas sur elles-mêmes.

4 JE COUPE MES ROLL UP

Coupez les rouleaux en tranches d'environ 3 cm d'épaisseur. Servez sur une assiette.

Roll

Nom masculin

Les rolls ou roulés sont généralement composés d'une enveloppe (galette de maïs, de blé, de légume ou de pâte à pizza), farcie de légumes, de poisson ou de viande. Les ingrédients sont disposés sur la pâte, qui est ensuite roulée et coupée en tranches. Les rolls peuvent être servis froids ou chauds, selon la recette.

Pizza roll jambon serrano gorgonzola

POUR 10 ROLLS	
PRÉPARATION 10 MIN	
CUISSON 20 MIN	

1 pâte à pizza rectangle

6 tranches de jambon serrano

150 g de gorgonzola

150 g de sauce tomate

70 g de concentré de tomates

2 c. à café d'herbes de Provence

1 jaune d'œuf

1 JE DÉROULE MA PÂTE À PIZZA

Préchauffez le four à 180 °C. Déroulez la pâte à pizza sur une plaque de cuisson.

2 JE PRÉPARE MA GARNITURE ET LA DÉPOSE SUR MA PÂTE À PIZZA

Mélangez le concentré de tomates avec la sauce tomate et les herbes de Provence.
Recouvrez toute la surface de sauce tomate et disposez-y les tranches de jambon puis le gorgonzola.

3 JE ROULE ET COUPE MES PIZZA ROLLS

Enroulez la pâte à pizza sur elle-même. Coupez des tranches de 3 cm d'épaisseur.

4 JE CUIS MES PIZZA ROLLS AVANT DE LES SERVIR

Badigeonnez-les de jaune d'œuf, puis saupoudrez d'herbes de Provence. Enfournez pendant 20 minutes.

Pizza roll chèvre miel

POUR 10 ROLLS
PRÉPARATION 20 MIN
CUISSON 20 MIN

1 pâte à pizza rectangle
200 g de lardons
200 g de chèvre frais
3 c. à soupe de crème fraîche
1 filet de miel
50 g de noisettes concassées
1 jaune d'œuf

1 JE DÉROULE MA PÂTE À PIZZA

Préchauffez le four à 180 °C. Déroulez la pâte à pizza sur une plaque de cuisson.

2 JE PRÉPARE MA GARNITURE ET LA DÉPOSE SUR MA PÂTE À PIZZA

Mélangez le chèvre frais avec la crème fraîche. Faites revenir les lardons dans une poêle jusqu'à ce qu'ils soient dorés. Recouvrez toute la surface de crème au chèvre et disposez-y les lardons. Nappez d'un filet de miel.

3 JE ROULE ET COUPE MES PIZZA ROLLS

Enroulez la pâte à pizza sur elle-même. Coupez des tranches de 3 cm d'épaisseur.

4 JE CUIS MES PIZZA ROLLS AVANT DE LES SERVIR

Badigeonnez-les de jaune d'œuf, puis saupoudrez de noisettes concassées. Enfournez pendant 20 minutes.

Pizza roll tomate, mozzarella & jambon

POUR 10 ROLLS	
PRÉPARATION 10 MIN	
CUISSON 20 MIN	

1 pâte à pizza rectangle
4 tranches de jambon
2 mozzarellas
150 g de sauce tomate
70 g de concentré de tomates
1 jaune d'œuf

1 JE DÉROULE MA PÂTE À PIZZA

Préchauffez le four à 180 °C. Déroulez la pâte à pizza sur une plaque de cuisson.

2 JE PRÉPARE MA GARNITURE ET LA DÉPOSE SUR MA PÂTE À PIZZA

Mélangez le concentré de tomates avec la sauce tomate. Coupez de fines lamelles de mozzarella. Recouvrez toute la surface de sauce tomate et disposez-y les tranches de jambon puis la mozzarella.

3 JE ROULE ET COUPE MES PIZZA ROLLS

Enroulez la pâte à pizza sur elle-même. Coupez des tranches de 3 cm d'épaisseur.

4 JE CUIS MES PIZZA ROLLS AVANT DE LES SERVIR

Badigeonnez-les de jaune d'œuf. Enfournez pendant 20 minutes.

Pizza roll saumon

POUR 10 ROLLS
PRÉPARATION 20 MIN
CUISSON 20 MIN

1 pâte à pizza rectangle

3 tranches de saumon fumé

1 poireau

3 c. à soupe de crème fraîche épaisse

5 brins d'aneth ciselés

1 jaune d'œuf

1. **JE DÉROULE MA PÂTE À PIZZA**

Préchauffez le four à 180 °C. Déroulez la pâte à pizza sur une plaque de cuisson.

2. **JE PRÉPARE MA GARNITURE ET LA DÉPOSE SUR MA PÂTE À PIZZA**

Mélangez la crème fraîche avec l'aneth ciselé. Coupez le poireau finement. Recouvrez toute la surface de crème et disposez-y le poireau puis les tranches de saumon.

3. **JE ROULE ET COUPE MES PIZZA ROLLS**

Enroulez la pâte à pizza sur elle-même. Coupez des tranches de 3 cm d'épaisseur.

4. **JE CUIS MES PIZZA ROLLS AVANT DE LES SERVIR**

Badigeonnez-les de jaune d'œuf. Enfournez pendant 20 minutes.

Pizza roll végétarien

POUR 10 ROLLS	
PRÉPARATION 20 MIN	
CUISSON 20 MIN	

1 pâte à pizza rectangle
½ courgette
½ aubergine
1 oignon émincé
2 mozzarellas
70 g de concentré de tomates
150 g de sauce tomate
1 jaune d'œuf

1 JE PRÉPARE MA GARNITURE

Préchauffez le four à 180 °C. Déroulez la pâte à pizza sur une plaque de cuisson.

2 JE PRÉPARE MA GARNITURE ET LA DÉPOSE SUR MA PÂTE À PIZZA

Mélangez le concentré de tomates avec la sauce tomate. Coupez de fines lamelles de mozzarella, de courgette et d'aubergine. Recouvrez toute la surface de sauce tomate et disposez-y l'oignon émincé, des tranches d'aubergine, des tranches de courgette puis les lamelles de mozzarella.

3 JE ROULE MES PIZZA ROLLS

Enroulez la pâte à pizza sur elle-même. Coupez des tranches de 3 cm d'épaisseur.

4 JE CUIS MES PIZZA ROLLS AVANT DE LES SERVIR

Badigeonnez-les de jaune d'œuf. Enfournez pendant 20 minutes.

Pizza roll chèvre épinard

POUR 10 ROLLS	
PRÉPARATION 20 MIN	
CUISSON 20 MIN	

1 pâte à pizza rectangle

250 g de jeunes pousses d'épinard

150 g de chèvre frais

3 c. à soupe de crème fraîche épaisse

4 c. à soupe d'emmental râpé

50 g de noix concassées

1 jaune d'œuf

1 JE PRÉPARE MA GARNITURE

Préchauffez le four à 180 °C. Déroulez la pâte à pizza sur une plaque de cuisson.

2 JE PRÉPARE MA GARNITURE ET LA DÉPOSE SUR MA PÂTE À PIZZA

Mélangez le chèvre frais avec la crème fraîche. Équeutez les épinards. Recouvrez toute la surface de crème et disposez-y les épinards puis l'emmental râpé.

3 JE ROULE ET COUPE MES PIZZA ROLLS

Enroulez la pâte à pizza sur elle-même. Coupez des tranches de 3 cm d'épaisseur.

4 JE CUIS MES PIZZA ROLLS AVANT DE LES SERVIR

Badigeonnez-les de jaune d'œuf, puis saupoudrez de noix concassées. Enfournez pendant 20 minutes.

ROCK'N'ROLL
BEST
ROLLS
IN TOWN

Egg roll bœuf épicé

POUR 12 ROLLS	
PRÉPARATION 15 MIN	
CUISSON 2-3 MIN	

12 feuilles de brick
300 g de bœuf haché
6 c. à soupe de chou râpé
2 carottes râpées
1 c. à soupe d'huile d'olive
1 c. à café d'huile de sésame
1 c. à café d'ail haché
1 c. à café de gingembre haché
2 c. à soupe de sauce soja
½ c. à café de cinq-épices
1 oignon vert émincé
2 jaunes d'œufs
Huile neutre pour la cuisson

1 JE PRÉPARE MA GARNITURE

Faites chauffer l'huile d'olive et l'huile de sésame dans une grande poêle. Ajoutez l'ail et le gingembre. Remuez et laissez cuire 30 secondes. Ajoutez la sauce soja et le cinq-épices. Remuez. Ajoutez le bœuf haché. Faites dorer et égouttez. Remettez à chauffer. Versez le chou râpé et les carottes sur la viande cuite. Remuez et laissez cuire jusqu'à ce qu'ils soient ramollis. Retirez du feu et saupoudrez d'oignons verts émincés.

2 JE GARNIS MES FEUILLES DE BRICK

Dépliez les feuilles de brick sur une surface sèche. Étalez une feuille de brick et coupez-la en carré. Positionnez-la en losange. À l'aide d'un pinceau, badigeonnez les bords de la pâte de jaune d'œuf. Déposez environ 2 cuillerées à soupe de mélange de viande dans l'angle en bas du losange.

3 JE ROULE MES EGG ROLLS

Repliez la pointe du bas puis celles des deux côtés sur la garniture et roulez jusqu'au sommet. Badigeonnez de jaune d'œuf.

4 JE CUIS MES EGG ROLLS AVANT DE LES SERVIR

Faites frire les egg rolls dans une grande poêle avec de l'huile chaude pendant 2-3 minutes environ, jusqu'à ce qu'ils soient uniformément dorés et croustillants. Transférez dans une assiette tapissée de papier absorbant pour les égoutter.

Egg roll poulet brocoli

POUR 12 ROLLS	
PRÉPARATION 15 MIN	
CUISSON 2-3 MIN	

12 feuilles de brick

2 aiguillettes de poulet

1 carotte râpée

½ brocoli coupé en fleurettes

½ poivron rouge haché

½ oignon émincé

1 gousse d'ail hachée

1 c. à soupe de sauce aigre douce

2 jaunes d'œufs

Huile neutre pour la cuisson

1 **JE PRÉPARE MA GARNITURE**

Dans une poêle, faites chauffer la sauce aigre douce, puis ajoutez tous les ingrédients de la garniture. Faites sauter quelques minutes. Hachez finement le poulet et les légumes à l'aide de votre robot culinaire.

2 **JE GARNIS MES FEUILLES DE BRICK**

Dépliez les feuilles de brick sur une surface sèche. Étalez une feuille de brick et coupez-la en carré. Positionnez-la en losange. À l'aide d'un pinceau, badigeonnez les bords de la pâte de jaune d'œuf. Déposez environ 2 cuillerées à soupe de mélange au poulet dans l'angle en bas du losange.

3 **JE ROULE MES EGG ROLLS**

Repliez la pointe du bas puis celles des deux côtés sur la garniture et roulez jusqu'au sommet. Badigeonnez de jaune d'œuf.

4 **JE CUIS MES EGG ROLLS AVANT DE LES SERVIR**

Faites frire les egg rolls dans une grande poêle avec de l'huile chaude pendant 2-3 minutes environ, jusqu'à ce qu'ils soient uniformément dorés et croustillants. Transférez dans une assiette tapissée de papier absorbant pour les égoutter.

Egg roll chou vert, carotte & amande

POUR 12 ROLLS	
PRÉPARATION 20 MIN	
CUISSON 2-3 MIN	

12 feuilles de brick

¼ de chou vert râpé

2 c. à soupe de carottes râpées

2 oignons verts émincés

5 cl de sauce soja

4 gousses d'ail hachées

1 c. à café de gingembre râpé

1 c. à café de moutarde de Dijon

½ c. à café de poivre blanc moulu

2 c. à soupe d'amandes effilées

1 c. à soupe de beurre de coco

2 jaunes d'œufs

Huile neutre pour la cuisson

1 JE PRÉPARE MA GARNITURE

Dans une casserole séparée, faites fondre le beurre de coco à feu moyen et ajoutez les amandes. Faites-les griller et ajoutez l'ail, le gingembre, la moutarde et le poivre blanc. Ajoutez le chou, les carottes et les oignons verts à la sauce. Laissez cuire en remuant de temps en temps jusqu'à ce que le chou réduise de moitié et qu'il soit vert vif et tendre.

2 JE GARNIS MES FEUILLES DE BRICK

Dépliez les feuilles de brick sur une surface sèche. Étalez une feuille de brick et coupez-la en carré. Positionnez-la en losange. À l'aide d'un pinceau, badigeonnez les bords de la pâte de jaune d'œuf. Déposez environ 2 cuillerées à soupe de mélange de légumes dans l'angle en bas du losange.

3 JE ROULE MES EGG ROLLS

Repliez la pointe du bas puis celles des deux côtés sur la garniture et roulez jusqu'au sommet. Badigeonnez de jaune d'œuf.

4 JE CUIS MES EGG ROLLS AVANT DE LES SERVIR

Faites frire les egg rolls dans une grande poêle avec de l'huile chaude pendant 2-3 minutes environ, jusqu'à ce qu'ils soient uniformément dorés et croustillants. Transférez dans une assiette tapissée de papier absorbant pour les égoutter.

Egg roll tofu

POUR 12 ROLLS	
PRÉPARATION 20 MIN	
CUISSON 2-3 MIN	

12 feuilles de brick
250 g de tofu émietté
½ poivron vert haché
3 c. à soupe de grains de maïs
3 c. à soupe de haricots rouges
3 c. à café de poudre de chili
1 oignon émincé
1 c. à café d'ail en poudre
½ c. à café d'origan séché
1 c. à soupe d'huile d'olive
2 jaunes d'œufs
Huile neutre pour la cuisson
Sel et poivre

1 JE PRÉPARE MA GARNITURE

Chauffez une casserole à feu moyen. Ajoutez 1 cuillerée à soupe d'huile, le tofu, le poivron et l'oignon et faites frire pendant 5-6 minutes ou jusqu'à ce que le poivron soit légèrement mou. Ajoutez le maïs, les haricots, la poudre de chili, l'ail en poudre, l'origan séché, le sel et le poivre dans la poêle. Mélangez et laissez cuire 3 minutes supplémentaires.

2 JE GARNIS MES FEUILLES DE BRICK

Dépliez les feuilles de brick sur une surface sèche. Étalez une feuille de brick et coupez-la en carré. Positionnez-la en losange. À l'aide d'un pinceau, badigeonnez les bords de la pâte de jaune d'œuf. Déposez environ 2 cuillerées à soupe de mélange de tofu dans l'angle en bas du losange.

3 JE ROULE MES EGG ROLLS

Repliez la pointe du bas puis celles des deux côtés sur la garniture et roulez jusqu'au sommet. Badigeonnez de jaune d'œuf.

4 JE CUIS MES EGG ROLLS AVANT DE LES SERVIR

Faites frire les egg rolls dans une grande poêle avec de l'huile chaude pendant 2-3 minutes environ, jusqu'à ce qu'ils soient uniformément dorés et croustillants. Transférez dans une assiette tapissée de papier absorbant pour les égoutter.

Egg roll crevette

POUR 12 ROLLS

PRÉPARATION 20 MIN

CUISSON 2-3 MIN

12 feuilles de brick

18 crevettes moyennes décortiquées

¼ de chou râpé

150 g de germes de soja

2 c. à soupe d'huile d'olive

2 branches de céleri coupées en dés

2 oignons verts coupés finement

2 gousses d'ail hachées

1 c. à soupe de sauce soja

1 c. à soupe d'huile d'olive

1 c. à soupe de sauce d'huître

1 c. à soupe de gingembre fraîchement râpé

1 c. à café d'huile de sésame

2 jaunes d'œufs

Huile neutre pour la cuisson

1 JE PRÉPARE MA GARNITURE

Chauffez l'huile d'olive dans une grande poêle. Dans un bol moyen, mélangez les crevettes, le chou, les germes de soja, le céleri, les oignons verts, l'ail, la sauce soja, la sauce d'huître, le gingembre et l'huile de sésame.

2 JE GARNIS MES FEUILLES DE BRICK

Dépliez les feuilles de brick sur une surface sèche. Étalez une feuille de brick et coupez-la en carré. Positionnez-la en losange. À l'aide d'un pinceau, badigeonnez les bords de la pâte de jaune d'œuf. Déposez environ 2 cuillerées à soupe de mélange de crevettes dans l'angle en bas du losange.

3 JE ROULE MES EGG ROLLS

Repliez la pointe du bas puis celles des deux côtés sur la garniture et roulez jusqu'au sommet. Badigeonnez de jaune d'œuf.

4 JE CUIS MES EGG ROLLS AVANT DE LES SERVIR

Faites frire les egg rolls dans une grande poêle avec de l'huile chaude pendant 2-3 minutes environ, jusqu'à ce qu'ils soient uniformément dorés et croustillants. Transférez dans une assiette tapissée de papier absorbant pour les égoutter.

Egg roll avocat tomate

POUR 12 ROLLS	
PRÉPARATION 20 MIN	
CUISSON 2-3 MIN	

12 feuilles de brick

3 avocats

280 g de tomates séchées hachées

1 oignon rouge haché

Le jus de 1 citron vert

2 c. à soupe de coriandre ciselée

2 jaunes d'œufs

Huile neutre pour la cuisson

Sel

1 JE PRÉPARE MA GARNITURE

Dans un grand bol, mélangez délicatement les avocats coupés en dés, les tomates séchées, l'oignon, la coriandre, le jus de citron et le sel. Laissez mariner quelques minutes.

2 JE GARNIS MES FEUILLES DE BRICK

Dépliez les feuilles de brick sur une surface sèche. Étalez une feuille de brick et coupez-la en carré. Positionnez-la en losange. À l'aide d'un pinceau, badigeonnez les bords de la pâte de jaune d'œuf. Déposez environ 2 cuillerées à soupe de mélange dans l'angle en bas du losange.

3 JE ROULE MES EGG ROLLS

Repliez la pointe du bas puis celles des deux côtés sur la garniture et roulez jusqu'au sommet. Badigeonnez de jaune d'œuf.

4 JE CUIS MES EGG ROLLS AVANT DE LES SERVIR

Faites frire les egg rolls dans une grande poêle avec de l'huile chaude pendant 2-3 minutes environ, jusqu'à ce qu'ils soient uniformément dorés et croustillants. Transférez dans une assiette tapissée de papier absorbant pour les égoutter.

À DÉGUSTER AVEC…

un cocktail au pamplemousse rose

POUR 1 VERRE

PRÉPARATION 5 MIN

1 pamplemousse rose
4 cl de vodka
4 cl de jus de citron
2 cl de sirop de sucre de canne
Glaçons

Coupez le pamplemousse en quartiers, réservez deux suprêmes pour la déco et pressez le reste du pamplemousse pour en extraire le jus. Réservez. Remplissez un shaker de glaçons. Ajoutez le sirop de sucre de canne, la vodka, le jus de citron et le jus de pamplemousse. Fermez le shaker et secouez vigoureusement pendant environ 10 secondes. Versez le mélange dans un verre à cocktail rempli de glaçons. Garnissez de quartiers de pamplemousse et servez. Dégustez ce cocktail rafraîchissant avec des rolls pour un apéritif réussi !

Roll concombre radis sésame

POUR 12 ROLLS	
PRÉPARATION 10 MIN	

1 concombre

5 radis

150 g de fromage frais

20 g de sésame noir

1 JE PRÉPARE MON ENVELOPPE DE LÉGUME

Tranchez finement le concombre en longues lanières à l'aide d'un épluche-légumes.

2 JE LA GARNIS

Tranchez très finement les radis à l'aide d'une mandoline. Étalez une fine couche de fromage frais sur la lanière de concombre, puis collez des rondelles de radis.

3 JE ROULE MES ROLLS DE LÉGUME

Roulez délicatement les lanières de concombre garnies.

4 JE SERS MES ROLLS DE LÉGUME

Disposez les légumes rolls sur une assiette pour servir et saupoudrez de graines de sésame noir.

Roll aubergine quinoa betterave

POUR 12 ROLLS	
PRÉPARATION 20 MIN	
CUISSON 6 MIN	

1 aubergine
1 betterave crue en lamelles
1 carotte râpée
100 g de quinoa cuit
150 g de fromage frais
1 c. à café de cumin moulu
Huile d'olive

1 JE PRÉPARE MON ENVELOPPE DE LÉGUME

Coupez les aubergines dans le sens de la longueur en tranches de 4 mm d'épaisseur. Badigeonnez généreusement les tranches avec de l'huile d'olive à l'aide d'un pinceau. Faites chauffer 1 cuillerée à soupe d'huile d'olive dans une grande poêle à feu moyen. Faites-y frire les tranches d'aubergine pendant environ 2-3 minutes de chaque côté jusqu'à ce qu'elles soient tendres et colorées.

2 JE LA GARNIS

Mélangez le fromage frais, le cumin et le quinoa, puis étalez sur les tranches d'aubergine. Déposez des lamelles de betterave et des carottes râpées.

3 JE ROULE MES ROLLS DE LÉGUME

Roulez délicatement les tranches d'aubergine garnies.

4 JE SERS MES ROLLS DE LÉGUME

Disposez les légumes rolls sur une assiette pour servir.

Roll courgette carotte ricotta

POUR 12 ROLLS	
PRÉPARATION 10 MIN	

2 courgettes

1 carotte

200 g de ricotta

1 botte de cerfeuil

1 **JE PRÉPARE MON ENVELOPPE DE LÉGUME**

Lavez une courgette et coupez-la dans le sens de la longueur en tranches de 4 mm d'épaisseur.

2 **JE LA GARNIS**

Coupez des bâtonnets de courgette et de carottes. Étalez le fromage frais sur les tranches de courgette. Déposez des bâtonnets de courgette et de carotte, et un brin de cerfeuil.

3 **JE ROULE MES ROLLS DE LÉGUME**

Roulez délicatement les tranches de courgette garnies.

4 **JE SERS MES ROLLS DE LÉGUME**

Disposez les légumes rolls sur une assiette pour servir.

Roll courgette grillée saumon

POUR 12 ROLLS	
PRÉPARATION 15 MIN	
CUISSON 4 MIN	

1 courgette
4 tranches de saumon
4 brins d'aneth
50 g de fromage frais
Les zestes de 1 citron jaune
Huile d'olive

1 JE PRÉPARE MON ENVELOPPE DE LÉGUME

Coupez les courgettes dans le sens de la longueur en tranches de 3 mm d'épaisseur à l'aide d'un économe. Badigeonnez généreusement les tranches avec de l'huile d'olive à l'aide d'un pinceau. Faites chauffer 1 cuillerée à soupe d'huile d'olive dans une grande poêle à feu moyen. Faites-y frire les tranches de courgettes pendant environ 2 minutes de chaque côté jusqu'à ce qu'elles soient colorées et fondantes.

2 JE LA GARNIS

Mélangez le fromage frais avec les zestes du citron jaune et de l'aneth ciselé, puis étalez sur les tranches de courgette. Disposez des lamelles de saumon sur le fromage frais et un brin d'aneth.

3 JE ROULE MES ROLLS DE LÉGUME

Roulez délicatement les tranches de courgette garnies.

4 JE SERS MES ROLLS DE LÉGUME

Disposez les légumes rolls sur une assiette pour servir.

Roll courgette épinard chou feta

POUR 12 ROLLS

PRÉPARATION 15 MIN

1 courgette

250 g de pousses d'épinard

3 c. à soupe de chou rouge en lamelles

100 g de feta

2 c. à soupe de crème fraîche épaisse

Les zestes de 1 citron jaune

1 c. à café de piment en poudre

1 c. à café de baies rouges

1 c. à soupe de germes de betterave

1 c. à soupe de germes de poireau

1 JE PRÉPARE MON ENVELOPPE DE LÉGUME

Coupez la courgette dans le sens de la longueur en tranches de 3 mm d'épaisseur à l'aide d'un économe.

2 JE LA GARNIS

Mélangez la feta avec les zestes du citron, la crème fraîche et les épices, puis étalez sur les tranches de courgette. Déposez des jeunes pousses d'épinard, des lamelles de chou rouge sur la feta ainsi que les germes de légumes.

3 JE ROULE MES ROLLS DE LÉGUME

Roulez délicatement les tranches de courgette garnies.

4 JE SERS MES ROLLS DE LÉGUME

Piquez les légumes rolls à l'aide d'une pique apéritif pour servir.

Roll chou avocat carotte

POUR 12 ROLLS	
PRÉPARATION 15 MIN	

5 feuilles de chou

2 avocats

1 carotte râpée

¼ de chou rouge râpé

150 g de beurre de cacahuète

1 JE PRÉPARE MON ENVELOPPE DE LÉGUME

Faites cuire les feuilles de chou dans de l'eau bouillante pendant 6 minutes, égouttez et laissez refroidir.

2 JE LA GARNIS

Étalez du beurre de cacahuète sur chaque feuille de chou. Disposez le chou rouge râpé, les carottes et des lamelles d'avocat coupées finement au centre de chaque feuille de chou.

3 JE ROULE MES ROLLS DE LÉGUME

Faites un pliage comme pour un egg roll (voir page 12), repliez le bas de la feuille sur la garniture, puis repliez les côtés et roulez délicatement la feuille de chou garnie.

4 JE SERS MES ROLLS DE LÉGUME

Coupez les rolls de chou en deux et servez-les avec une sauce cacahuète en mélangeant 2 cuillerées à soupe de beurre de cacahuète, 1 cuillerée à soupe de jus de citron, 1 cuillerée à soupe de sauce soja salée, 1 cuillerée à café de miel et 1 cuillerée à café de vinaigre de riz.

MARABOUT
s'engage pour l'environnement
en réduisant l'empreinte carbone
de ses livres.
Celle de cet exemplaire est de :
600 g éq. CO_2
Rendez-vous sur
www.marabout-durable.fr

PAPIER CERTIFIÉ

Hachette Livre 58, rue Jean-Bleuzen 92178 Vanves Cedex

Relecture : Emilie Collet

Mise en page : Jérôme Cousin pour NoOok

Styliste : Caroline Bourgeois

Illustrations : Valentine Ferrandi

6338411

ISBN : 978-2-501-17929-4

Dépôt légal : Septembre 2023

Achevé d'imprimer en août 2023 par Macrolibros en Espagne.